Impressum
Verlag: BABADADA GmbH, Nedderfeld 112 , 22529 Hamburg
Geschäftsführer / Verlagsleitung: Harald Hof
Druck: Books on Demand GmbH, In de Tarpen 42, 22848 Norderstedt

Imprint
Publisher: BABADADA GmbH, Nedderfeld 112 , 22529 Hamburg, Germany
Managing Director / Publishing direction: Harald Hof
Print: Books on Demand GmbH, In de Tarpen 42, 22848 Norderstedt, Germany

школа

lekol

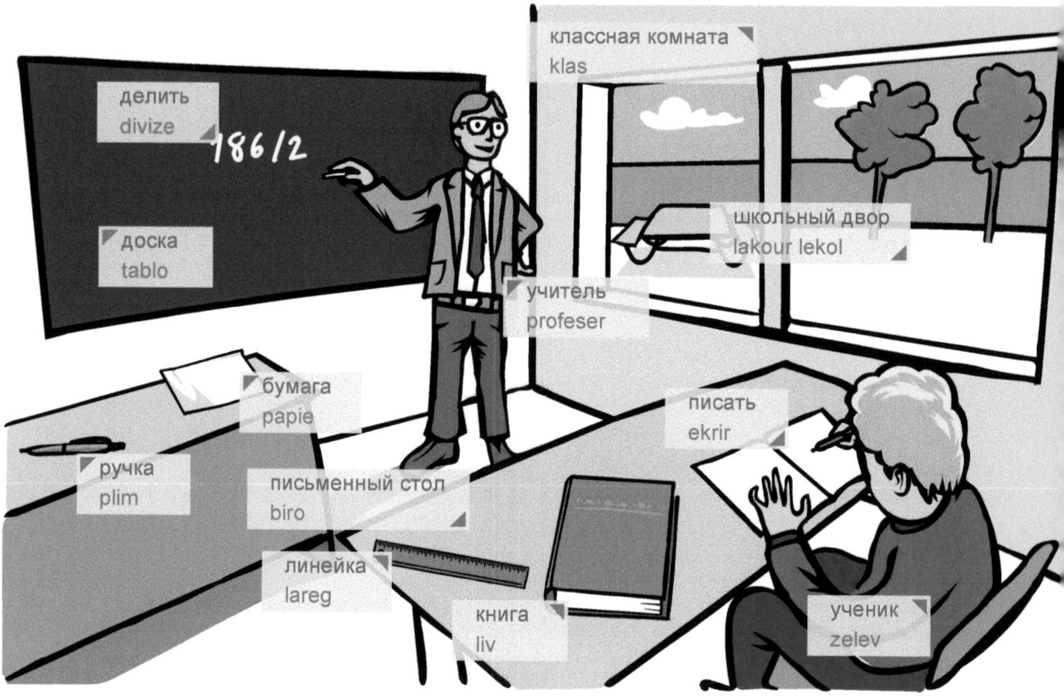

классная комната
klas
делить
divize
186/2
доска
tablo
школьный двор
lakour lekol
учитель
profeser
бумага
papie
писать
ekrir
ручка
plim
письменный стол
biro
линейка
lareg
книга
liv
ученик
zelev

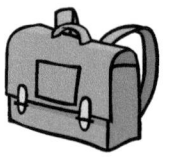

ранец
sak lekol

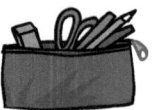

пенал
plimie

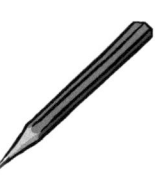

карандаш
kreyon

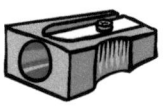

точилка
egizwar

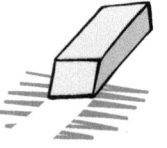

ластик
gom

альбом для рисования
kaye desin

рисунок

desin

кисточка

pinso

коробка красок

bwat lapintir

ножницы

sizo

клей

lakol

тетрадь

kaye devwar

домашняя работа

devwar

цифра

nimero

прибавлять

azoute

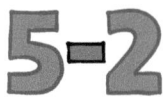

вычитать

retire

умножать

miltipliye

считать

kalkile

буква

let

алфавит

alfabet

слово

mo

текст

text

читать

lir

мел

lakre

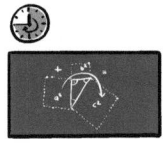

урок

leson

классный журнал

rezis

экзамен

lexame

диплом

sertifika

школьная форма

iniform lekol

образование

ledikasion

энциклопедия

lansiklopedi

университет

liniversite

микроскоп

mikroskop

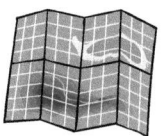

карта

map

корзина для бумаг

poubel

путешествие

vwayaz

гостиница
lotel
Grand
турбаза
loberz
ROOMS
EXCHANGE
пункт обмена валюты
biro sanz
чемодан
valiz
автомобиль
loto

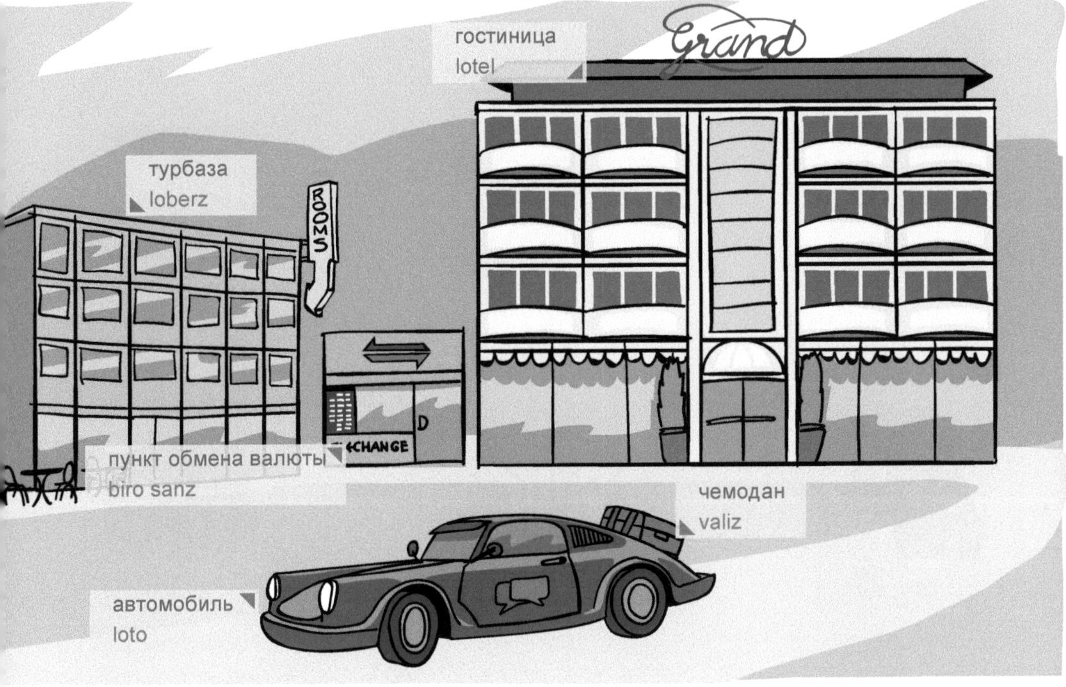

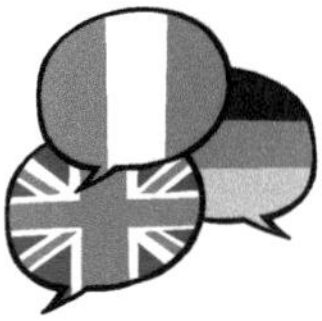

язык

langaz

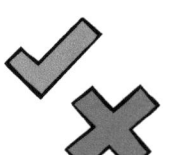

да / нет

wi / non

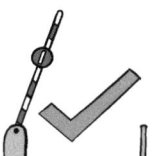

хорошо

okay

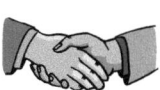

Привет

Alo

переводчик

tradikter

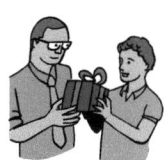

Спасибо

Mersi

Сколько стоит...?

komie sa..?

Я не понимаю

Mo pa pe konpran

проблема

problem

Добрый вечер!

Bonswar!

Доброе утро!

Bonzour!

Доброй ночи!

Bonn nwi!

До свидания

o-revwar

направление

direksion

багаж

bagaz

сумка

sak

рюкзак

sak-a-do

гость

ot

комната

pies

спальный мешок

sak kousaz

палатка

latant

туристическая информация
lofis tourism

пляж
laplaz

кредитная карточка
kart kredi

завтрак
ti-dezene

обед
dezene

ужин
dine

билет
biye

лифт
lasanser

почтовая марка
tem

граница
frontier

таможня
ladwann

посольство
lanbasad

виза
viza

паспорт
paspor

транспорт
transpor

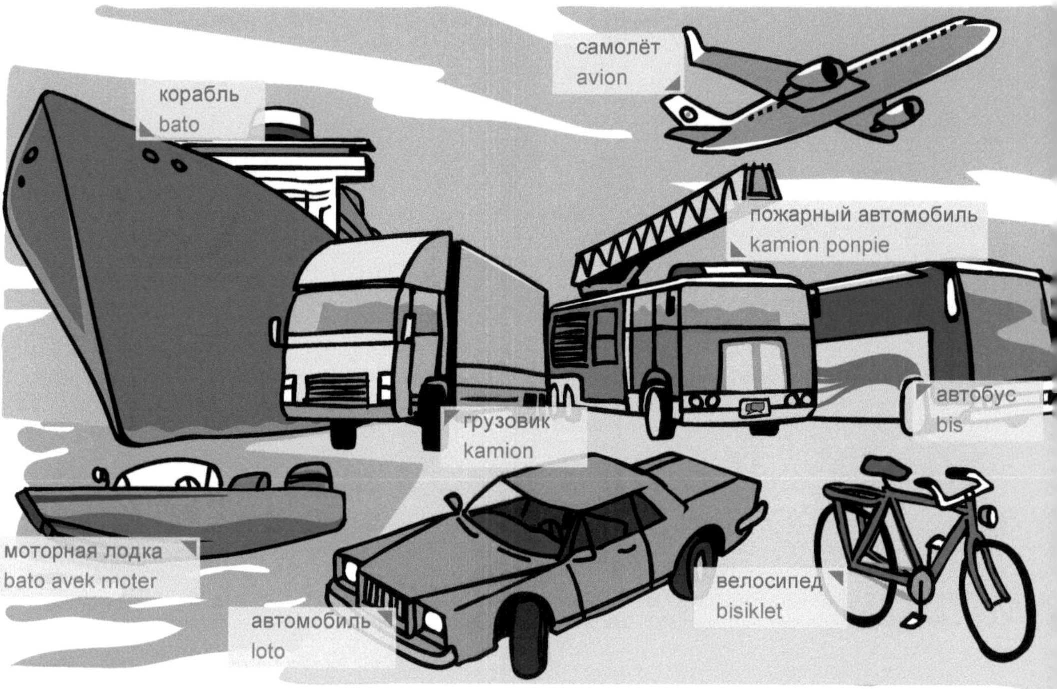
самолёт
avion
корабль
bato
пожарный автомобиль
kamion ponpie
автобус
bis
грузовик
kamion
моторная лодка
bato avek moter
велосипед
bisiklet
автомобиль
loto

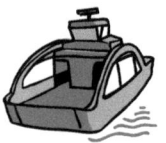

паром

feri

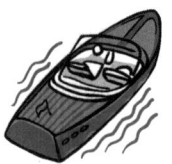

лодка

bato

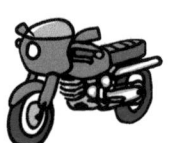

мотоцикл

motosiklet

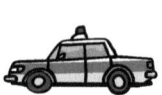

полицейский автомобиль

loto lapolis

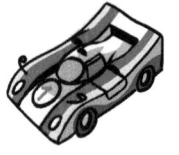

гоночный автомобиль

loto lekours

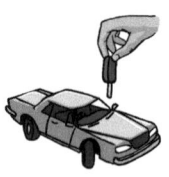

арендованный автомобиль

loto lokasion

совместное пользование
автомобилями

ko-vwatiraz

буксировочный
автомобиль
kamion towing

мусоровоз

kamion salte

двигатель

moter

топливо

lesans

заправка

filing

дорожный знак

pano indikasion

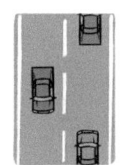

движение

trafik

пробка

anbouteyaz

автостоянка

parking

вокзал

stasion trin

рельсы

ray

поезд

trin

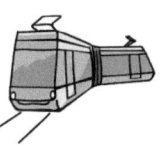

трамвай

tram

вагон

vagon

вертолёт

elikopter

аэропорт

aeropor

вышка

towing

пассажир

pasaze

контейнер

kontener

коробка

karton

тележка

sario

корзина

panie

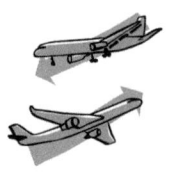

взлетать / приземляться

dekole / aterir

город

lavil

деревня

vilaz

центр города

sant-vil

дом

lakaz

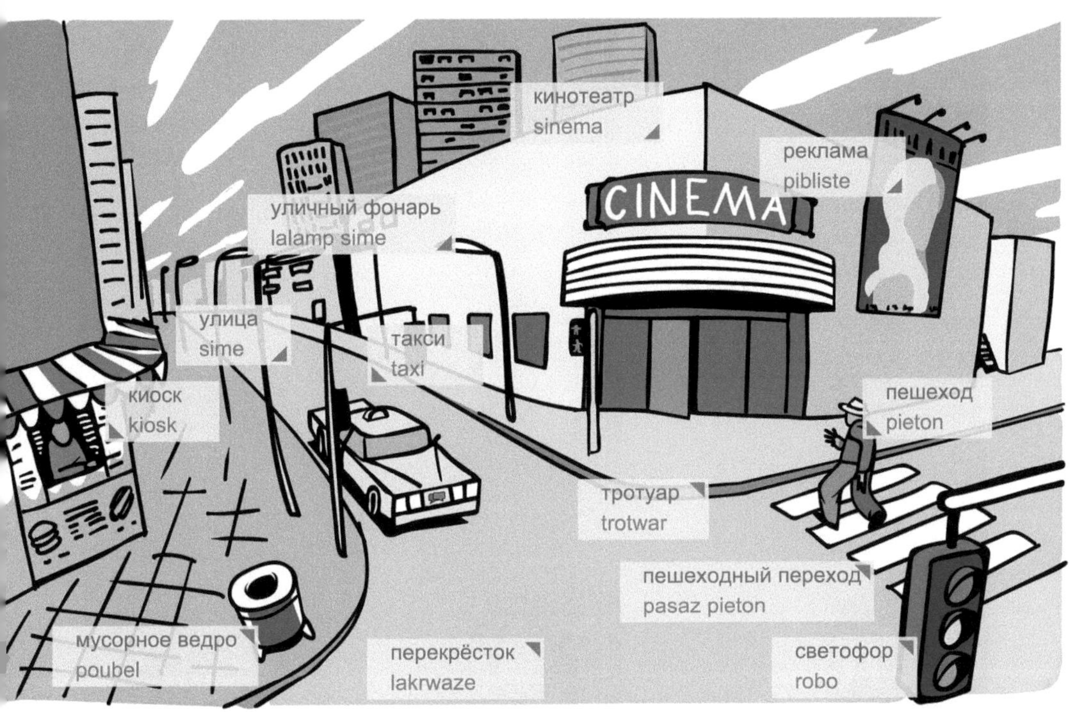

кинотеатр
sinema

реклама
pibliste

уличный фонарь
lalamp sime

CINEMA

улица
sime

такси
taxi

киоск
kiosk

пешеход
pieton

тротуар
trotwar

пешеходный переход
pasaz pieton

мусорное ведро
poubel

перекрёсток
lakrwaze

светофор
robo

хижина

kabann

квартира

flat

вокзал

stasion trin

ратуша

minisipalite

музей

mize

школа

lekol

университет

liniversite

банк

labank

больница

lopital

гостиница

lotel

аптека

farmasi

офис

biro

книжный магазин

libreri

магазин

magazin

цветочный магазин

fleris

супермаркет

sipermarse

рынок

bazar

универмаг

gran magazin

торговец рыбой

pwasonnri

торговый центр

sant komersial

порт

lepor

парк

park

скамейка

labank

мост

pon

лестница

leskalie

метро

metro

тоннель

tinel

автобусная остановка

bistop

бар

bar

ресторан

restoran

почтовый ящик

bwat-a-let

табличка с названием
улицы

pano

паркометр

parkmet

зоопарк

zoo

бассейн

pisinn

мечеть

moske

ферма

laferm

загрязнение окружающей среды

polision

кладбище

simitier

церковь

legliz

детская площадка

lespas pou zwe

храм

tanp

ландшафт

peizaz

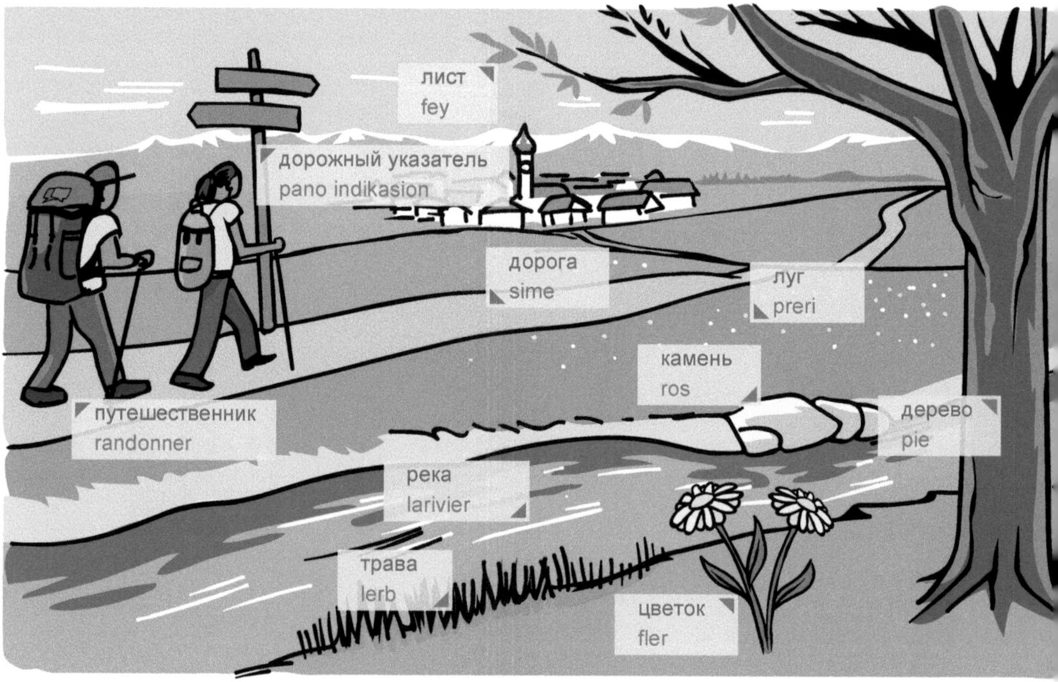

лист
fey

дорожный указатель
pano indikasion

дорога
sime

луг
preri

камень
ros

путешественник
randonner

дерево
pie

река
larivier

трава
lerb

цветок
fler

долина

lavale

гора

kolinn

озеро

lak

лес

bwa

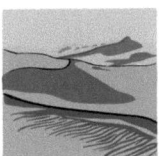

пустыня

dezer

вулкан

volkan

замок

sato

радуга

larkansiel

гриб

sanpinion

пальма

palmie

комар

moutik

муха

mous

муравей

fourmi

пчела

abey

паук

zarenie

ландшафт - peizaz

жук

koksinel

лягушка

grenouy

белка

ekirey

еж

erison

заяц

lapin

сова

ibou

птица

zwazo

лебедь

sign

кабан

sangliye

олень

serf

лось

elan

плотина

dam

ветряной генератор

eolienn

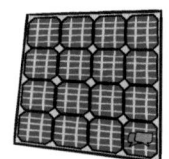

солнечная батарея

pano soler

климат

klima

ресторан
restoran

официант
server
меню
meni
стул
sez
суп
lasoup
пицца
pizza
столовые приборы
kouver
скатерть
nap

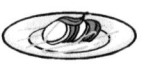

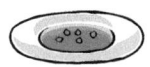

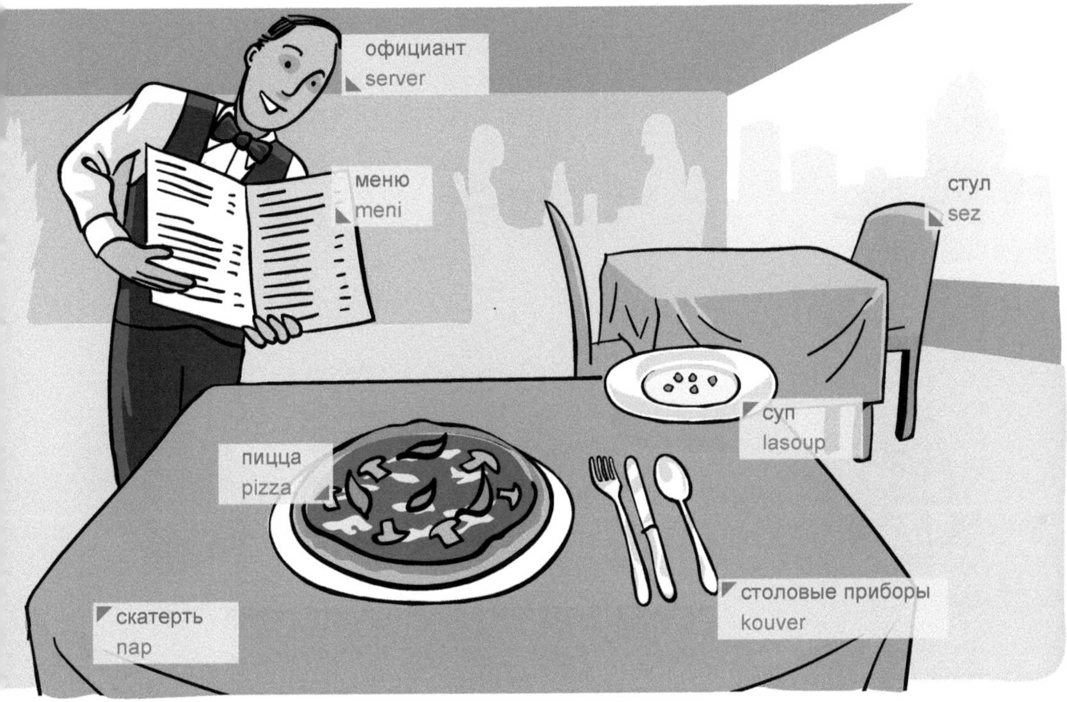

закуска

lantre

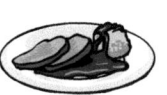

главное блюдо

pla prinsipal

десерт

deser

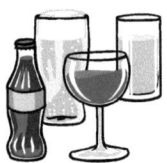

напитки

labwason

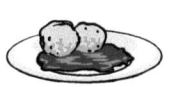

еда

manze

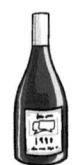

бутылка

boutey

фастфуд

fast food

уличная еда

take-away

чайник

teyer

сахарница

po disik

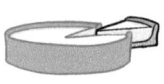

порция

porsion

кофеварка

masinn expresso

детский стульчик

sez-ot

счет

bill

поднос

plato

нож

kouto

вилка

fourset

ложка

kwiyer

чайная ложка

ti-kwiyer

салфетка

serviet

стакан

ver

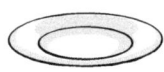

тарелка

lasiet

суповая тарелка

lasiet

блюдце

soukoup

соус

lasos

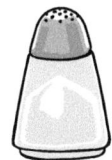

солонка

po disel

мельница для перца

moulin dipwav

уксус

vineg

масло

delwil

специи

zepis

кетчуп

ketchup

горчица

lamoutard

майонез

mayonez

супермаркет
sipermarse

специальное предложение
promosion
FOR
покупатель
klian
молочные продукты
prodwi a baz dile
фрукты
frwi
тележка для покупок
trole

BUTCHERS

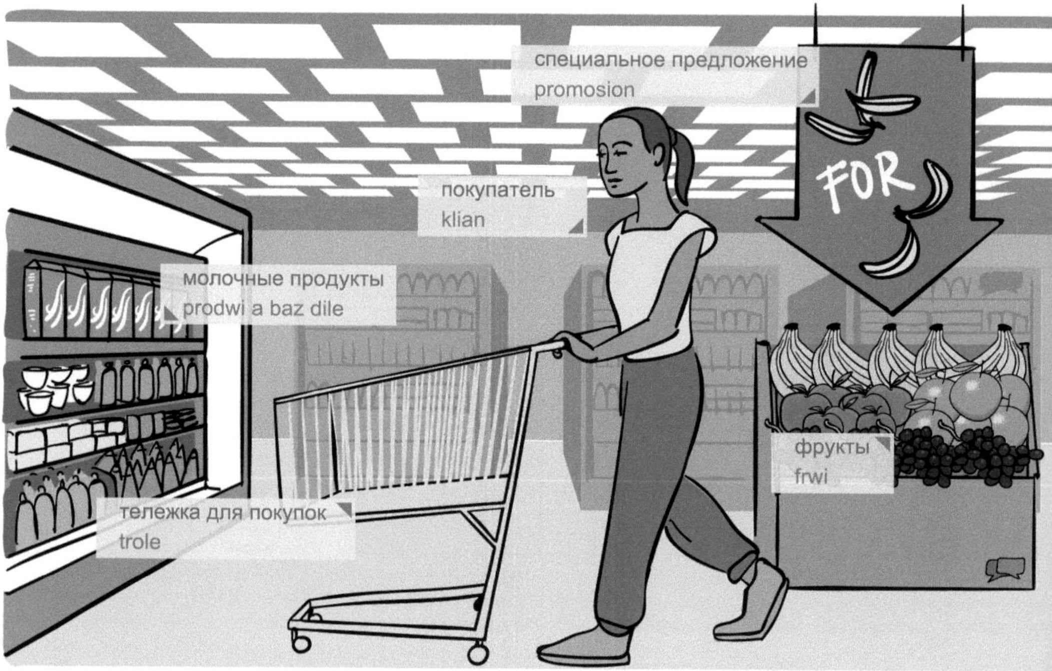

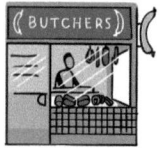

мясной магазин

bousri

BAKERY

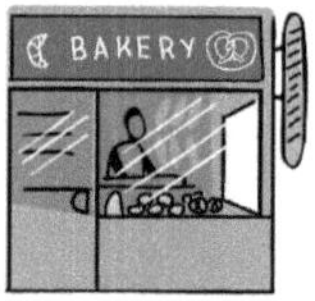

пекарня

boulanzri

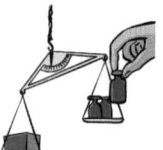

взвешивать

peze

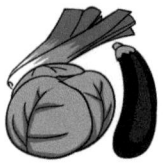

овощи

legim

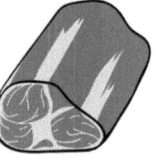

мясо

laviann

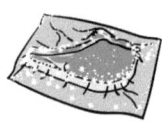

быстрозамороженные продукты

aliman konzele

нарезка

sarkitri

консервы

bwat konserv

стиральный порошок

lapoud masinn

сладости

bonbon

предмет домашнего
обихода
komision

моющее средство

deterzan

продавщица

vandez

касса

lakes

кассир

kesie

список покупок

lalis komision

время работы

ouvertir

бумажник

portfey

кредитная карточка

kart kredi

сумка

sak

полиэтиленовый пакет

sak plastik

вода

delo

сок

zi

молоко

dile

кока-кола

coca

вино

divin

пиво

labier

алкоголь

lalkol

какао

sokola so

чай

dite

кофе

kafe

эспрессо

expresso

капучино

cappuccino

банан

banann

яблоко

pom

апельсин

zoranz

арбуз

melon

лимон

sitron

морковь

karot

чеснок

lay

бамбук

banbou

лук

zwayon

гриб

sanpiyon

орехи

nwazet

лапша

minn

спагетти

spageti

рис

diri

салат

salad

картофель фри

chips

жареный картофель

pomdeter frir

пицца

pizza

гамбургер

burger

сэндвич

sandwich

шницель

eskalop

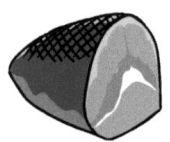

ветчина

zanbon

салями

salami

колбаса

sosis

курица

poul

жаркое

roti

рыба

pwason

овсяные хлопья

oatmeal

мюсли

muesli

кукурузные хлопья

kornbif

мука

lafarinn

круассан

krwasan

булочка

ti-dipin

хлеб

dipin

тост

dipin griye

печенье

biskwi

масло

diber

творог

fromaz blan

пирог

gato

яйцо

dizef

яичница

dizef frir

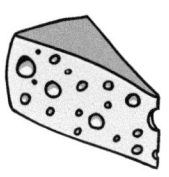

сыр

fromaz

мороженое

sorbe

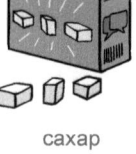

сахар

disik

мёд

dimiel

мармелад

konfitir

крем с нугой

nouga

карри

kari

ферма
laferm

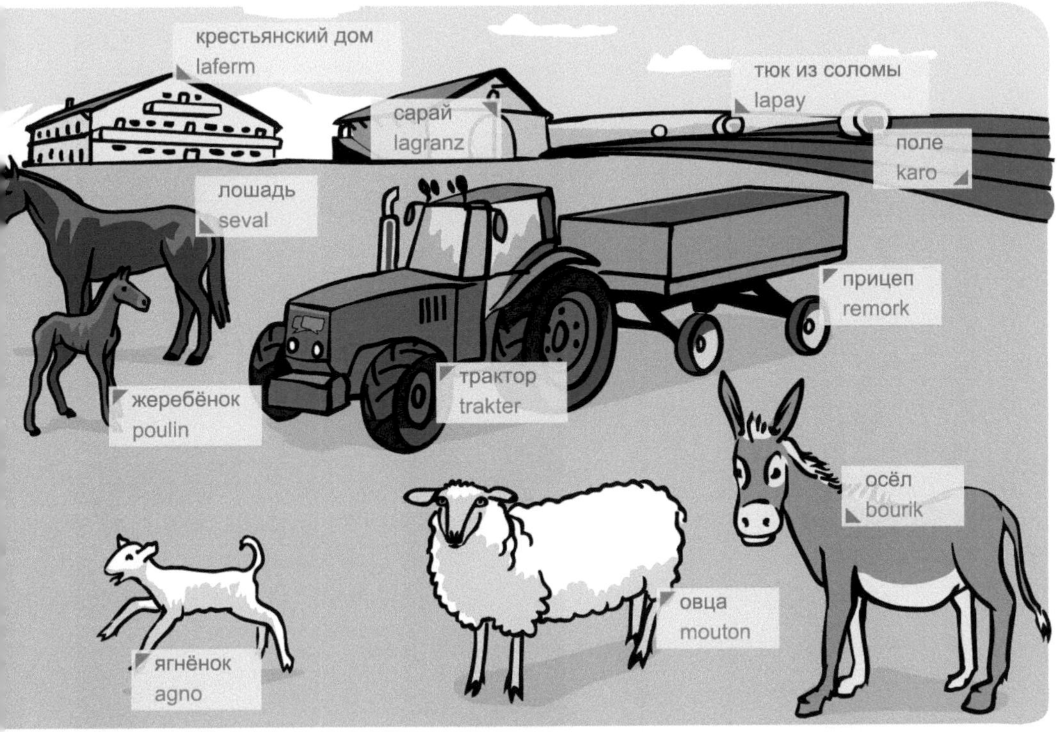
крестьянский дом
laferm
сарай
lagranz
тюк из соломы
lapay
поле
karo
лошадь
seval
прицеп
remork
трактор
trakter
жеребёнок
poulin
осёл
bourik
овца
mouton
ягнёнок
agno

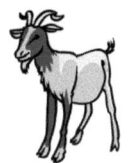

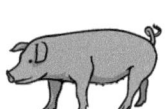

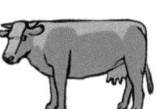

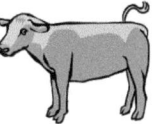

коза

kabri

корова

vas

телёнок

vo

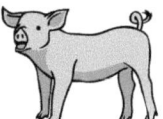

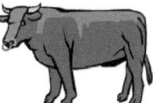

свинья

koson

поросёнок

ti-koson

бык

toro

гусь

lezwa

утка

kanar

цыплёнок

pousin

курица

poul

петух

kok

крыса

lera

кошка

sat

мышь

souri

вол

bef

собака

lisien

конура

lakaz lisien

садовый шланг

tiyo

лейка

arozwar

коса

laserp

плуг

saret

серп

fosi

мотыга

pios

навозные вилы

fours

топор

lars

тачка

bouret

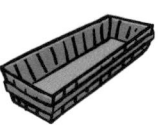

корыто

kiv

бидон для молока

bwat dile

мешок

sak

забор

fencing

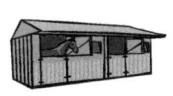

хлев

letab

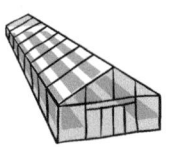

теплица

laser

почва

later

посев

lagrin

удобрение

langre

комбайн

masinn pou fer rekolt

собирать урожай

rekolte

урожай

rekolt

ямс

ignam

пшеница

dible

соя

soya

картофель

pomdeter

кукуруза

may

рапс

colza

фруктовое дерево

zarb frwitie

маниок

maniok

злаки

sereal

дом
lakaz

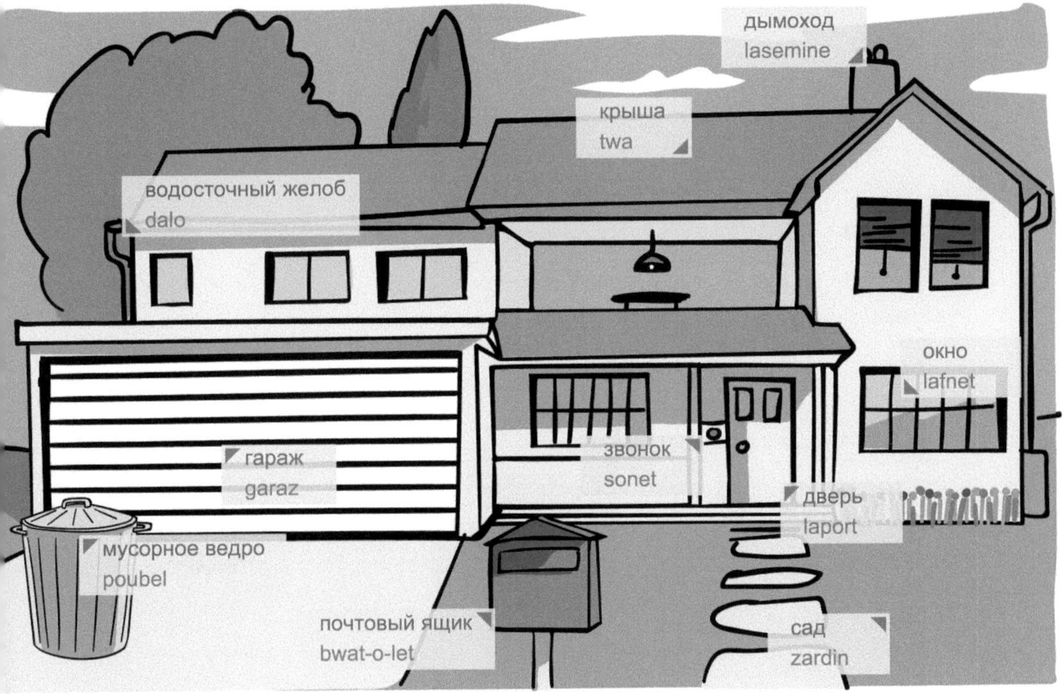
дымоход
lasemine
крыша
twa
водосточный желоб
dalo
окно
lafnet
гараж
garaz
звонок
sonet
дверь
laport
мусорное ведро
poubel
почтовый ящик
bwat-o-let
сад
zardin

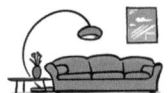

гостиная

salon

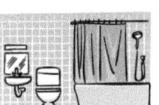

ванная комната

saldebin

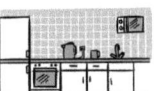

кухня

lakwizinn

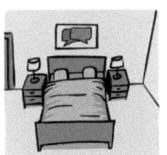

спальня

lasam

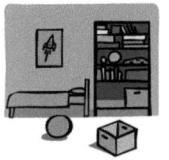

детская комната

lasam zanfan

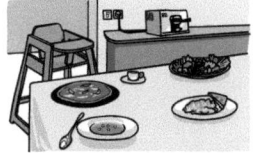

столовая

salamanze

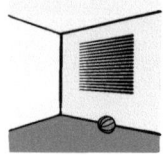

пол

sali

стена

miray

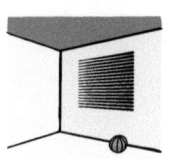

потолок

plafon

подвал

lakav

сауна

sona

балкон

balkon

терраса

teras

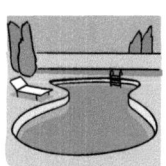

бассейн

pisinn

газонокосилка

masinn koup gazon

пододеяльник

dra

покрывало

kwet

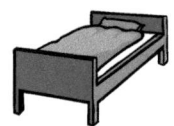

кровать

lili

метла

balie

ведро

seo

выключатель

take lalimier

обои
papie-pin

рисунок
foto

лампа
lalamp

полка
letazer

шкаф
larmwar

телевизор
televizion

камин
lasemine

цветок
fler

подушка
kousin

диван
sofa

ваза
vaz

пульт дистанционного управления
rimot-kontrol

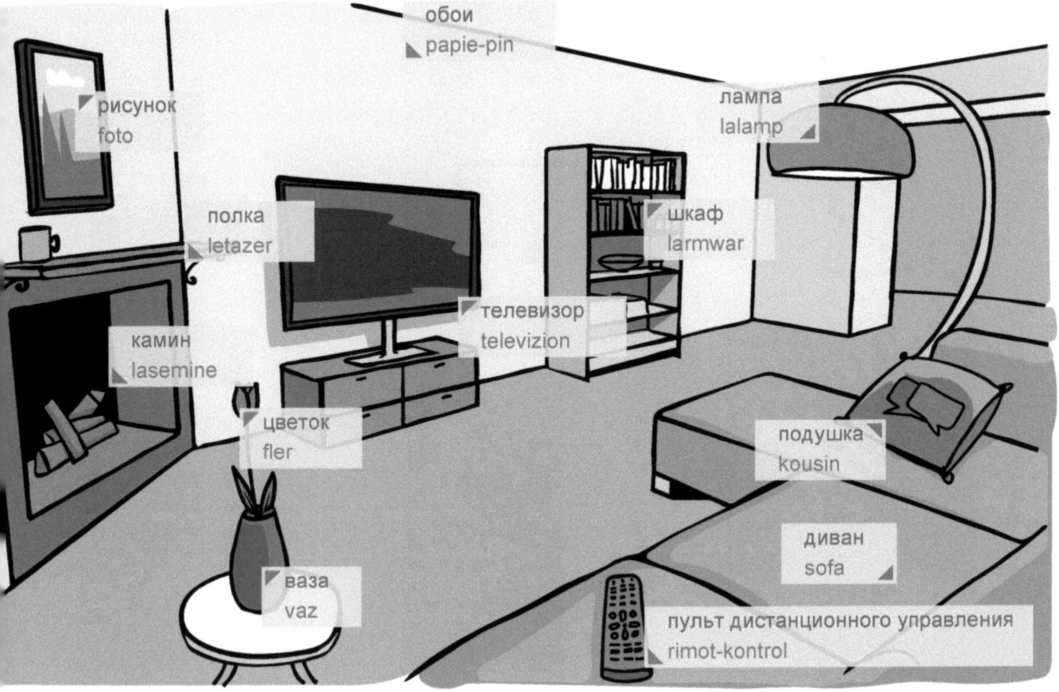

ковёр
tapi

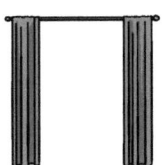

штора
rido

стол
latab

стул
sez

кресло-качалка
rocking chair

кресло
fotey

гостиная - salon

33

книга

liv

покрывало

kouvertir

украшение

dekorasion

дрова

dibwa foye

фильм

fim

стереосистема

hi-fi

ключ

lakle

газета

zournal

картина

lapintir

плакат

poster

радио

radio

блокнот

bloknot

пылесос

laspirater

кактус

kaktis

свеча

labouzi

кухня
lakwizinn

холодильник
frizider
микроволновая печь
mikro-ond
кухонные весы
balans
тостер
toaster
моющее средство
deterzan
духовка
four
морозилка
frizer
мусорное ведро
poubel
посудомоечная машина
lav-vesel

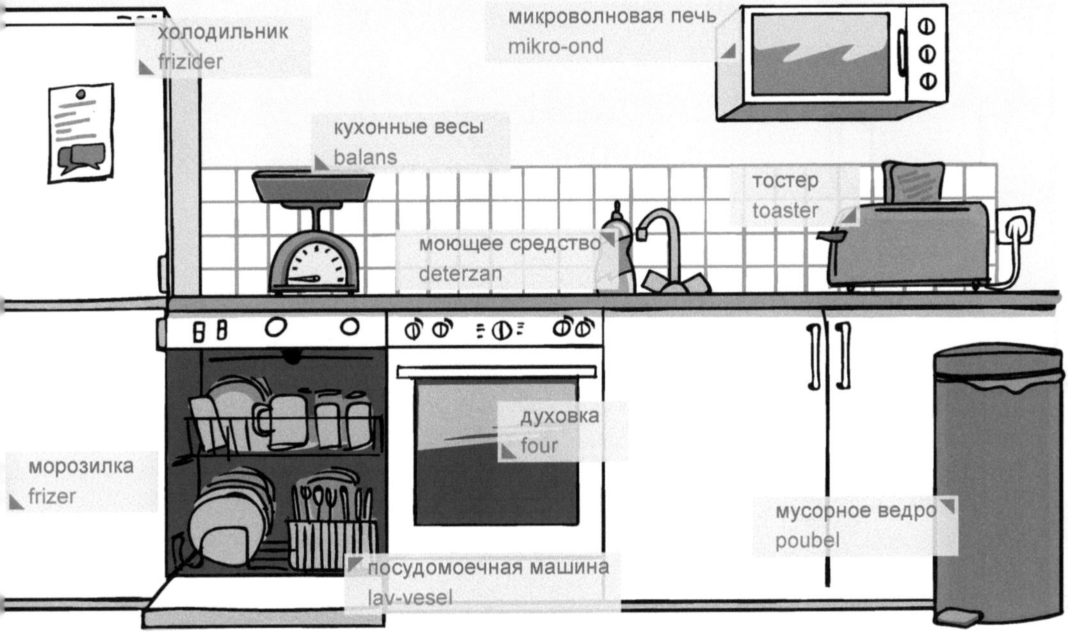

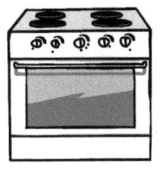

плита

four

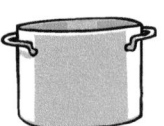

кастрюля

kasrol

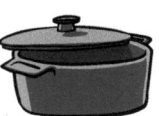

чугунный котелок

marmit

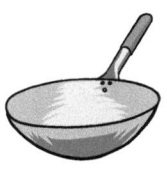

вок / кадай

wok

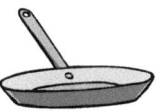

сковорода

pwal

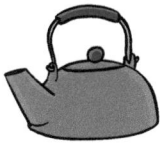

чайник

boulwar

пароварка

steamer

противень

plak kwison

посуда

vesel

кружка

goble

миска

bol

палочки для еды

baget sinwa

половник

lous

лопатка

spatil

сбивалка

fwet

сито

paswar

сито

tami

тёрка

larap

ступка

mortie

гриль

griyad

костёр

lasemine

доска

biyo

скалка

roulo

штопор

tirbouson

жестяная банка

bwat konserv

консервный нож

ouvbwat

прихватка

legan proteksion

раковина

lavabo

щетка

bros

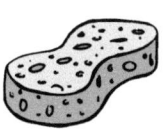

губка

leponz

миксер

blender

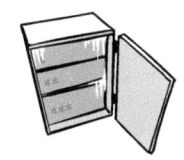

морозильная камера

konzelater

бутылочка для кормления

bibron

кран

robine

ванная комната
saldebin

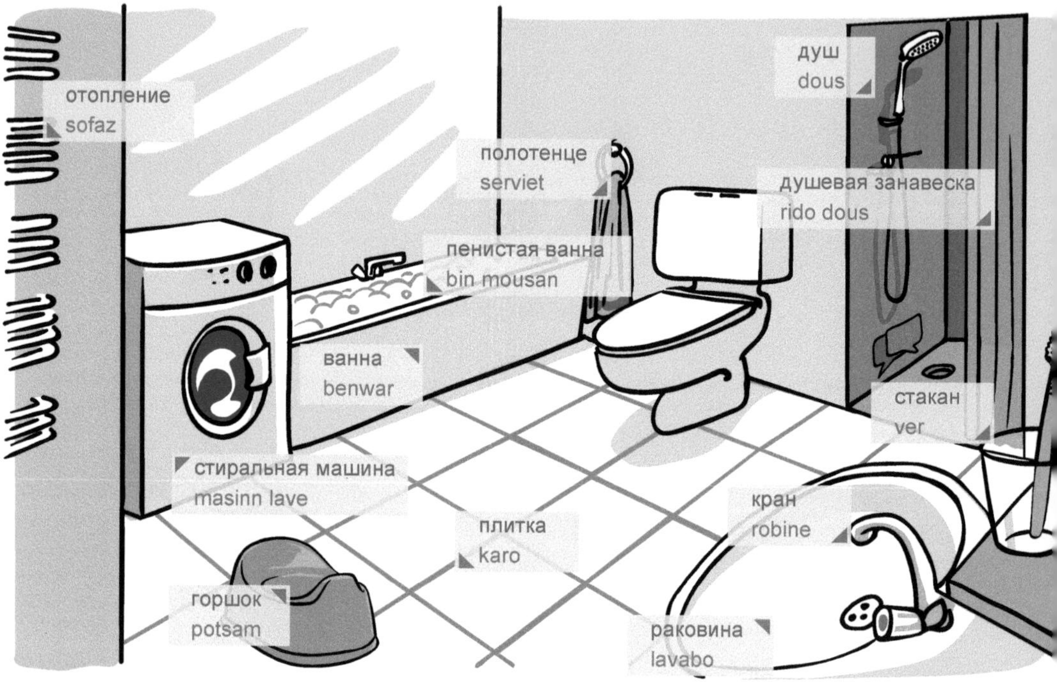
отопление
sofaz
полотенце
serviet
пенистая ванна
bin mousan
ванна
benwar
стиральная машина
masinn lave
горшок
potsam
плитка
karo
душ
dous
душевая занавеска
rido dous
стакан
ver
кран
robine
раковина
lavabo

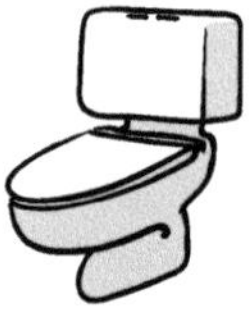

туалет

twalet

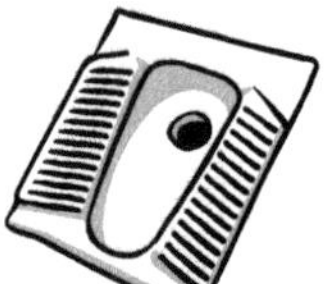

напольный унитаз

twalet

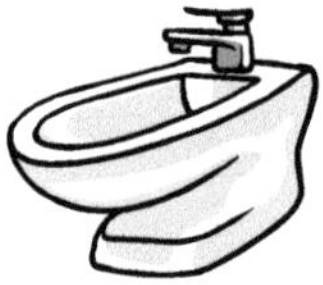

биде

bide

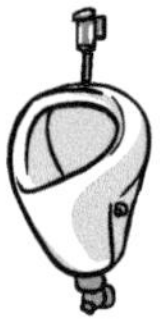

писсуар

piswar

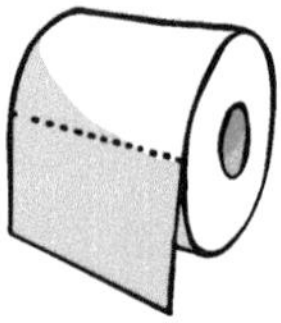

туалетная бумага

papie twalet

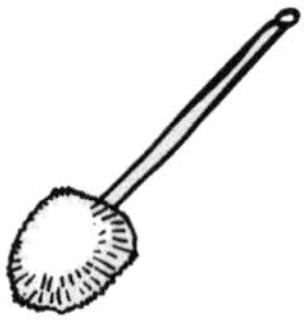

ершик

bros twalet

зубная щетка

bros ledan

зубная паста

dantifris

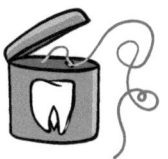

зубная нить

fil danter

мыть

lave

ручной душ

ti-bin

интимный душ

dous

таз

basin

щетка для спины

bros ledo

мыло

savon

гель для душа

zel dous

шампунь

sanpwin

мочалка

gandebin

сток

drin

крем

lakrem

дезодорант

deodoran

зеркало

mirwar

ручное зеркало

mirwar

бритва

razwar

пена для бритья

lamous pou raze

лосьон после бритья

apre-razaz

расческа

pengn

щетка

bros

фен

seswar

лак для волос

lak

косметика

makiyaz

губная помада

dirouz

лак для ногтей

verni

вата

cotton wool

маникюрные ножницы

tay-zong

духи

parfin

косметичка

trous twalet

табуретка

stoul

весы

balans

халат

penwar

резиновые перчатки

legan netwayaz

тампон

tanpon

гигиеническая прокладка

serviet izienik

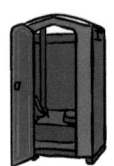

биотуалет

twalet simik

детская комната
lasam zanfan

будильник
revey
мягкая игрушка
doudou
игрушечный автомобиль
ti loto
погремушка
ose
кукольный домик
lakaz zouzou
подарок
kado

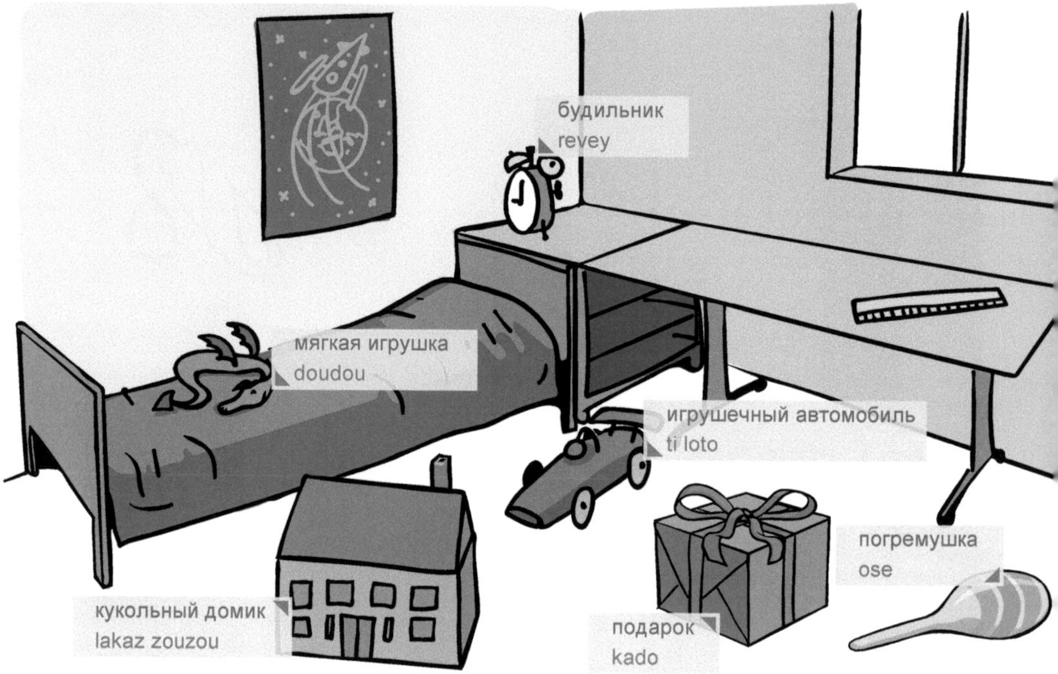

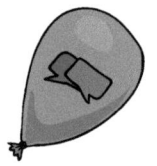

воздушный шар

balon

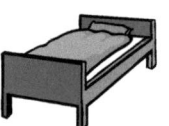

кровать

lili

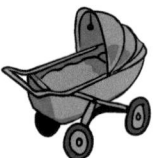

детская коляска

pouset

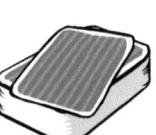

карточная игра

kart

пазл

puzzle

SUPER
MEGA

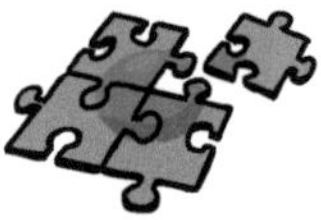

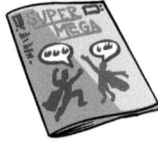

комикс

tikomik

кирпичики Лего

lego

кубики

lego

игрушечная фигурка

figirinn

ползунки

grenouyer

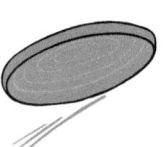

фрисби

frisbee

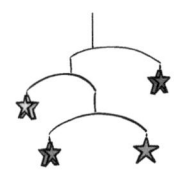

мобиле

mobil

настольная игра

zwe

кубик

lede

модель железной дороги

trin zouzou

соска

siset

вечеринка

fet

книга с картинками

liv ek zimaz

мяч

boul

кукла

poupet

играть

zwe

песочница

bak-a-sab

качели

balanswar

игрушка

zouzou

игровая приставка

game

трёхколесный велосипед

trisik

плюшевый медвежонок

nounours

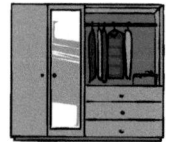

шкаф для одежды

larmwar

одежда

linz

носки

soset

чулки

leba

колготки

kolan

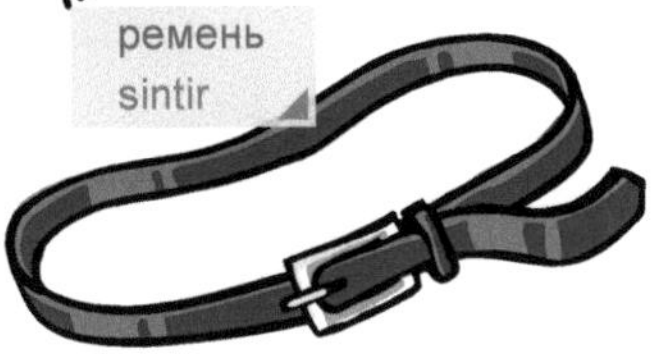

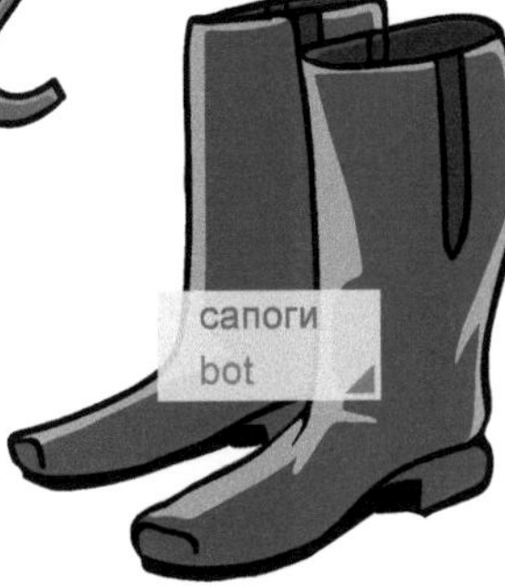

шарф
esarp

зонтик
parapli

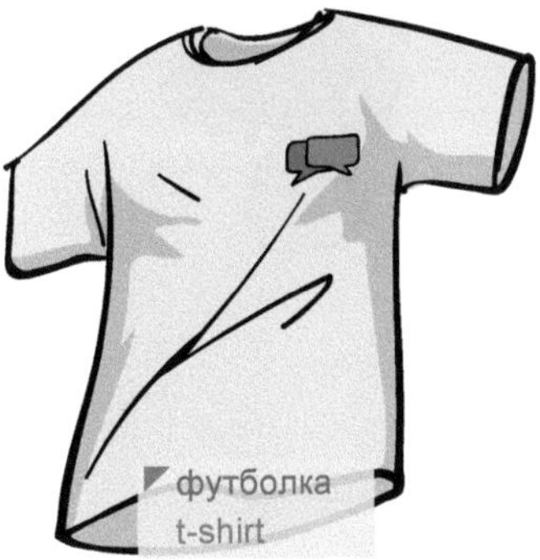

ремень
sintir

футболка
t-shirt

кроссовки
tenis

сапоги
bot

тапки
pantouf

сандалии
sandalet

ботинки
soulie

резиновые сапоги
bot an karotsou

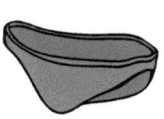

трусы
souvetman

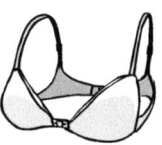

бюстгальтер
soutiengorz

майка
vest

боди

body

брюки

pantalon

джинсы

jeans

юбка

zip

блузка

blouz

рубашка

simiz

свитер

pull-over

свитер

blouzon ek kapison

спортивная куртка

vest

жакет

jaket

пальто

manto

плащ

pardesi

костюм

kostim

платье

rob

свадебное платье

rob lamarye

мужской костюм

kostim

ночная сорочка

robdesam

пижама

pizama

сари

sari

платок

foular

тюрбан

tirban

паранджа

bourka

кафтан

kaftan

абайя

abaya

купальник

mayo de bin

плавки

mayo de bin

шорты

sorti de sekour

спортивный костюм

linz spor

фартук

tabliye

перчатки

legan

пуговица

bouton

очки

linet

браслет

brasle

цепочка

kolie

кольцо

bag

серьга

zanon

шапка

bone

вешалка

sint

шляпа

sapo

галстук

kravat

застежка молния

fermetirekler

шлем

elmet

подтяжки

bretel

школьная форма

iniform lekol

форма

iniform

детский нагрудник

bavwar

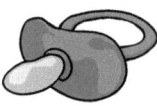

соска

siset

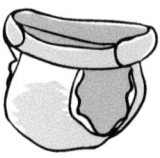

подгузник

lanz

офис
biro

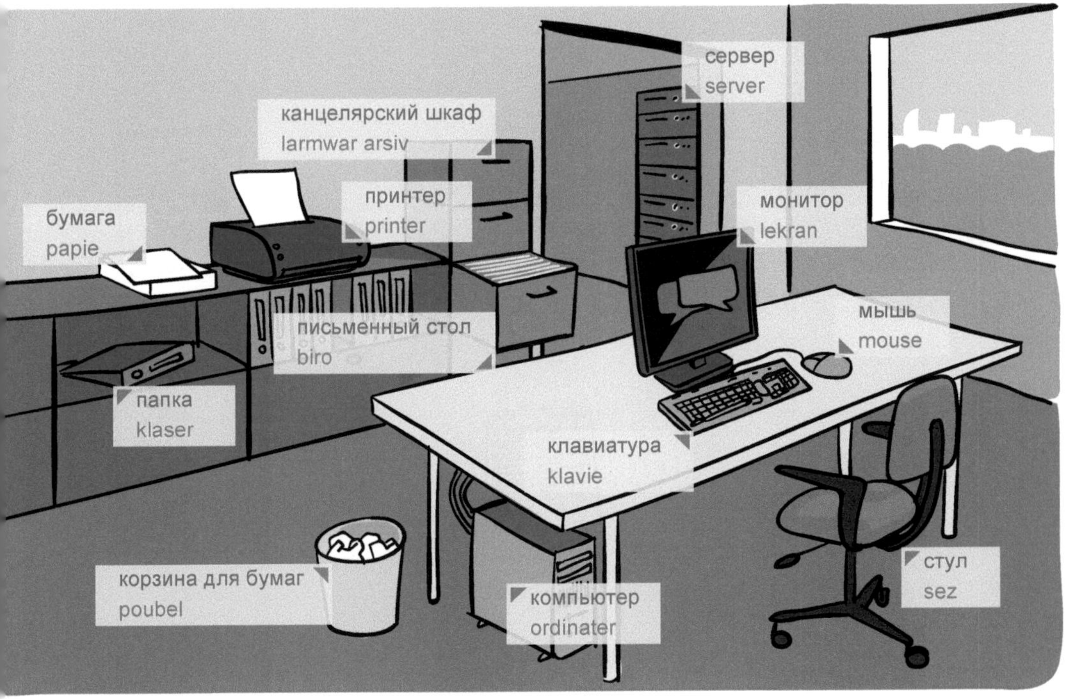

канцелярский шкаф
larmwar arsiv

сервер
server

принтер
printer

монитор
lekran

бумага
papie

письменный стол
biro

мышь
mouse

папка
klaser

клавиатура
klavie

стул
sez

корзина для бумаг
poubel

компьютер
ordinater

кофейная кружка

mug

калькулятор

kalkilatris

интернет

internet

ноутбук

laptop

письмо

let

сообщение

mesaz

мобильный телефон

portab

сеть

rezo

ксерокс

fotokopi

программа

lozisiel

телефон

telefonn

розетка

priz

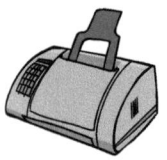

факс

fax

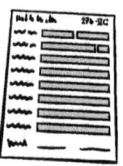

формуляр

form

документ

dokiman

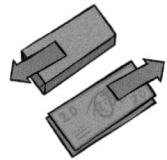

покупать

aste

платить

peye

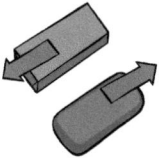

торговать

fer biznes

деньги

larzan

USD

доллар

dolar

EUR

евро

euro

JPY

иена

yen

RUB

рубль

rouble

CHF

франк

fran swis

CNY

жэньминьби юань

renminbi yuan

INR

рупия

roupi

банкомат

distribiter biye

пункт обмена валюты

biro sanz

золото

lor

серебро

larzan

нефть

petrol

энергия

lenerzi

цена

pri

договор

kontra

налог

tax

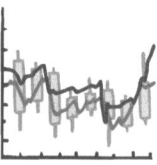

акция

aksion

работать

travay

служащий

anplwaye

работодатель

anplwayer

фабрика

lizinn

магазин

magazin

профессии

travay

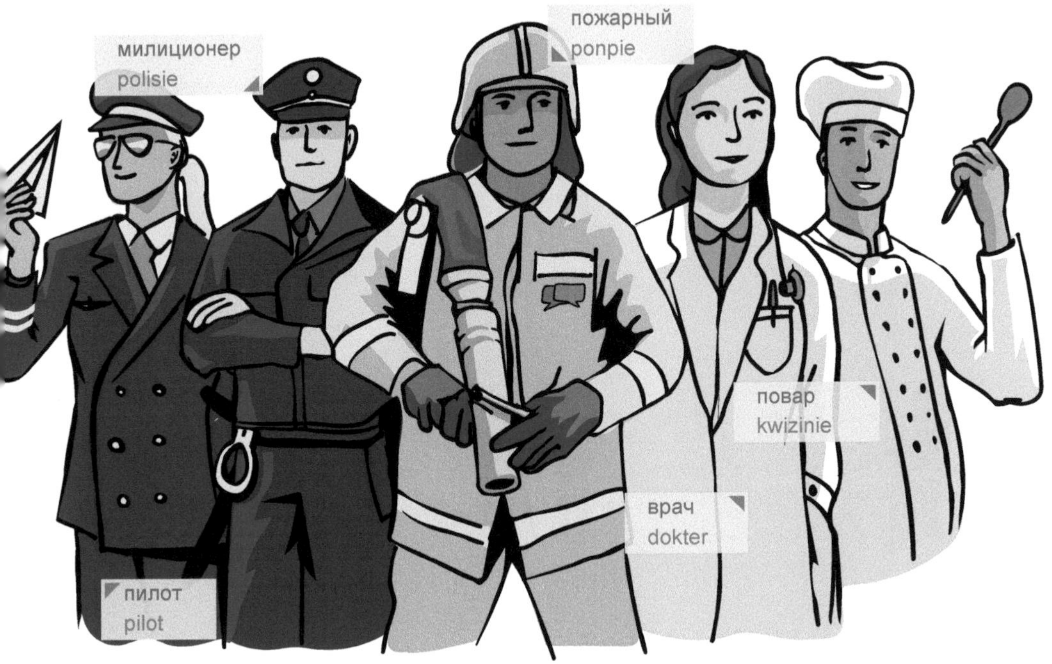
пожарный
ponpie
милиционер
polisie
повар
kwizinie
врач
dokter
пилот
pilot

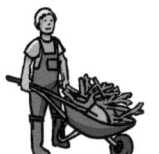

садовник

zardinie

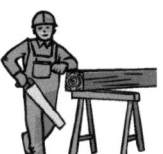

столяр

sarpantie

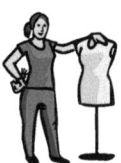

швея

koutirier

судья

ziz

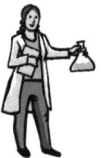

химик

simis

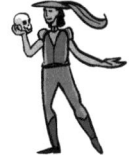

актёр

akter

водитель автобуса

sofer bis

таксист

sofer taxi

рыбак

peser

уборщица

bonn

кровельщик

zouvriye twa lakaz

официант

server

охотник

saser

художник

pint

пекарь

boulanze

электрик

elektrisien

строитель

zouvriye

инженер

inzenier

мясник

bouse

сантехник

plonbie

почтальон

fakter

солдат

solda

архитектор

arsitek

кассир

kesie

флорист

fleris

парикмахер

kwafez

кондуктор

chek

механик

mekanisien

капитан

kapitenn

зубной врач

dantis

ученый

siantis

раввин

rabi

имам

imam

монах

mwann

священник

pret

инструменты
zouti

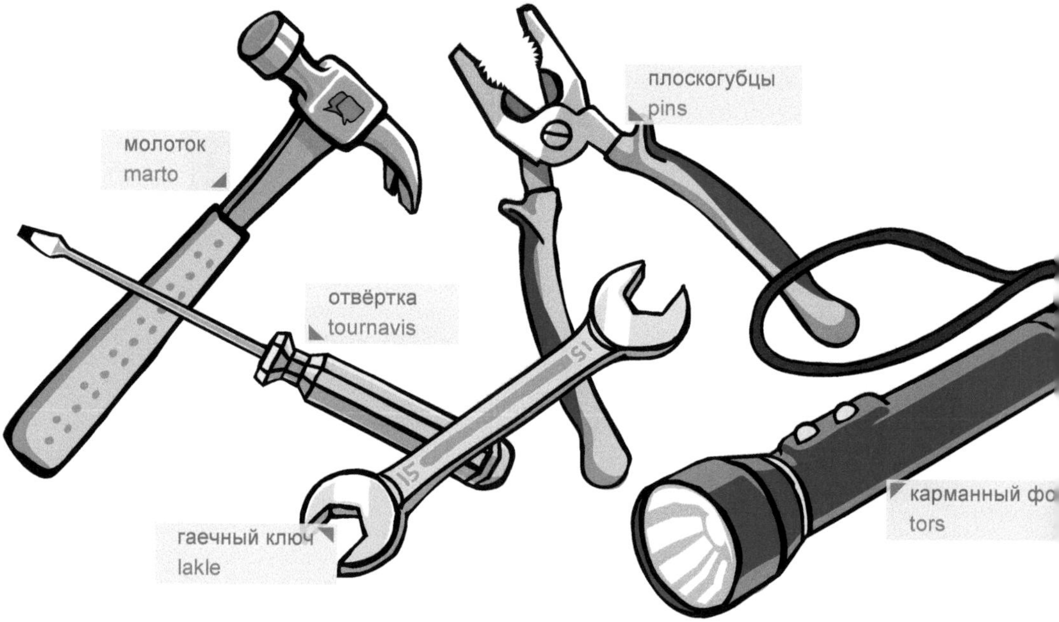

молоток
marto
плоскогубцы
pins
отвёртка
tournavis
гаечный ключ
lakle
карманный фо
tors

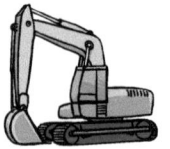

экскаватор

peltez

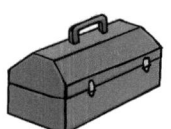

ящик для инструментов

bwat zouti

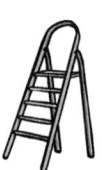

стремянка

lesel

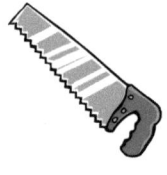

пила

lasi

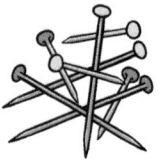

гвозди

koulou

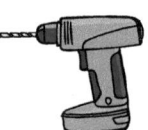

дрель

persez

ремонтировать

aranze

лопата

lapel

Блин!

Ayo!

совок

lapel

ведро с краской

po lapintir

винты

vis

музыкальные инструменты
instriman lamizik

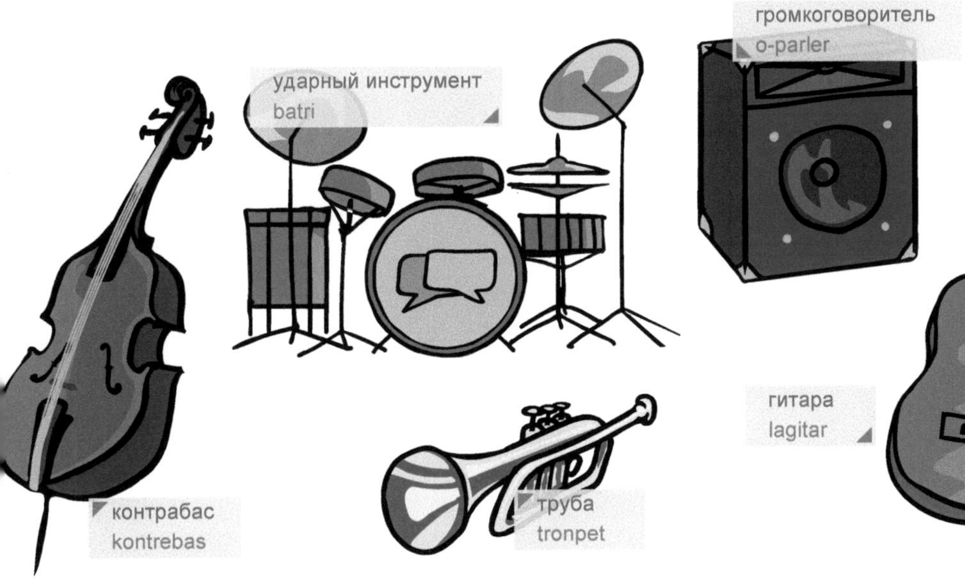

ударный инструмент
batri

громкоговоритель
o-parler

гитара
lagitar

контрабас
kontrebas

труба
tronpet

пианино

piano

скрипка

violon

бас-гитара

bas

литавры

tinbal

барабан

tanbour

синтезатор

klavie

саксофон

saxofonn

флейта

laflit

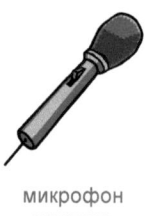

микрофон

mikro

зоопарк

zoo

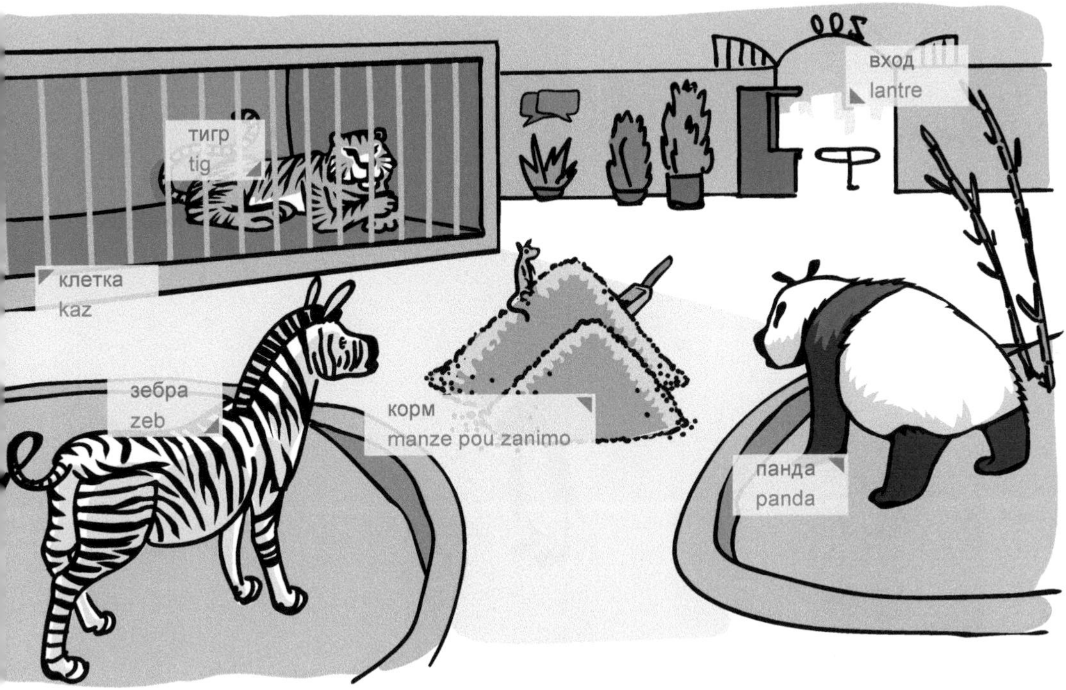
вход
lantre
тигр
tig
клетка
kaz
зебра
zeb
корм
manze pou zanimo
панда
panda

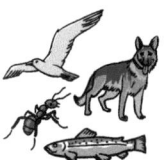

животные

zanimo

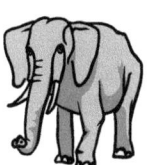

слон

lelefan

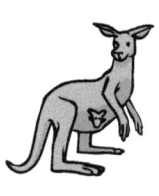

кенгуру

kangourou

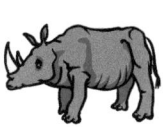

носорог

rinoceros

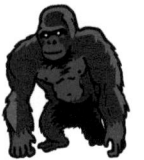

горилла

gori

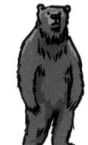

медведь

lours

верблюд

samo

страус

lotris

лев

lion

обезьяна

zako

фламинго

flaman roz

попугай

peroke

белый медведь

lours poler

пингвин

pingwi

акула

rekin

павлин

pan

змея

serpan

крокодил

krokodil

служитель зоопарка

gardien zoo

тюлень

fok

ягуар

zagwar

пони

poney

леопард

leopar

бегемот

ipopotam

жираф

ziraf

орёл

leg

кабан

sangliye

рыба

pwason

черепаха

torti

морж

mors

лиса

renar

газель

gazel

спорт
spor

американский футбол
foutborl ameriken

езда на велосипеде
siklism

теннис
tenis

баскетбол
basketball

плавание
natasion

бокс
labox

хоккей
oke lor gazon

футбол
foutborl

бадминтон
badminton

лёгкая атлетика
atletism

гандбол
handball

лыжный спорт
ski

поло
polo

смеяться
riye

прыгать
sote

обнимать
maye

идти
marse

петь
sante

мечтать
reve

молиться
priye

целовать
anbrase

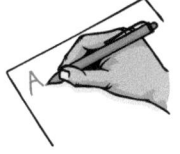

писать
ekrir

рисовать
desine

показывать
montre

нажимать
pouse

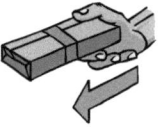

давать
done

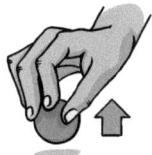

брать
pran

иметь
ena

делать
fer

быть
ete

стоять
diboute

бежать
galoupe

тянуть
rise

бросать
zete

падать
tonbe

лежать
alonze

ждать
atann

носить
amene

сидеть
asize

надевать
abiye

спать
dormi

просыпаться
leve

рассматривать

gete

плакать

plore

гладить

karese

причесывать

pengne

говорить

koze

понимать

konpran

спрашивать

dimande

слушать

ekoute

пить

bwar

кушать

manze

наводить порядок

netwaye

любить

kontan

готовить

kwi

ехать

kondir

летать

anvole

ходить под парусом

fer lavwal

считать

kalkile

читать

lir

учиться

aprann

работать

travay

вступать в брак

marye

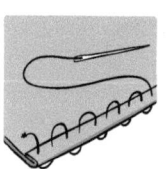

шить

koud

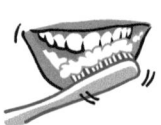

чистить зубы

bros ledan

убивать

touye

курить

fime

отправлять

avoye

семья

fami

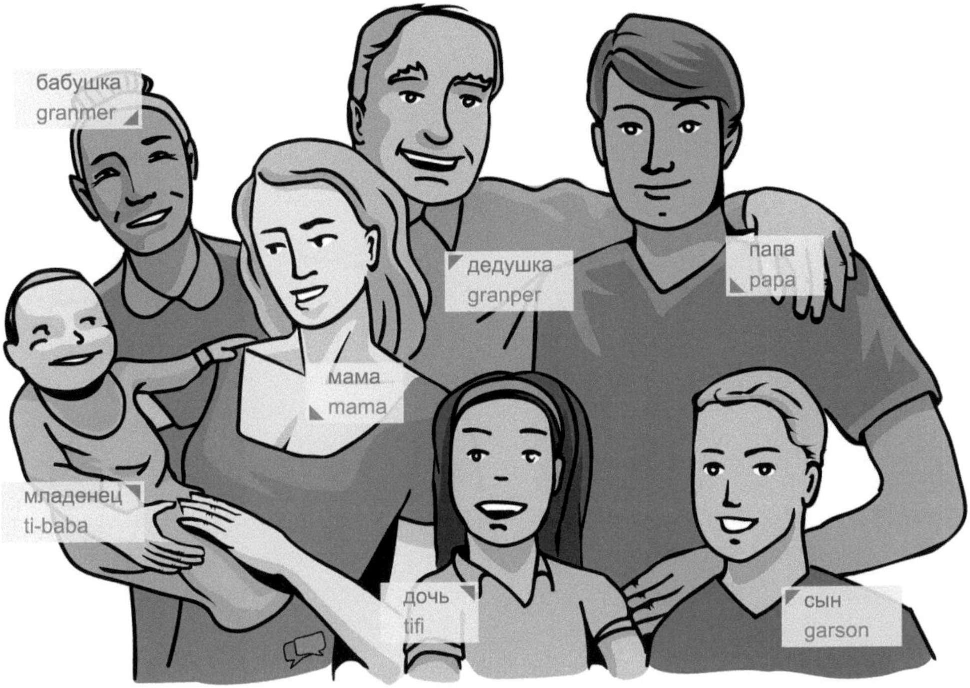
бабушка
granmer
дедушка
granper
папа
papa
мама
mama
младенец
ti-baba
дочь
tifi
сын
garson

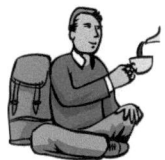

гость

ot

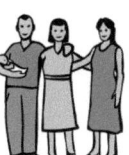

тетя

matant

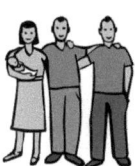

дядя

tonton

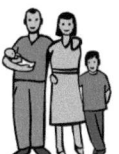

брат

frer

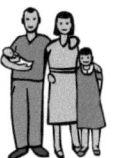

сестра

ser

тело

lekor

лоб
fron
глаз
lizie
плечо
zepol
палец
ledwa
лицо
figir
подбородок
manton
кисть
lame
нога
lazam
грудь
tete
рука
lebra

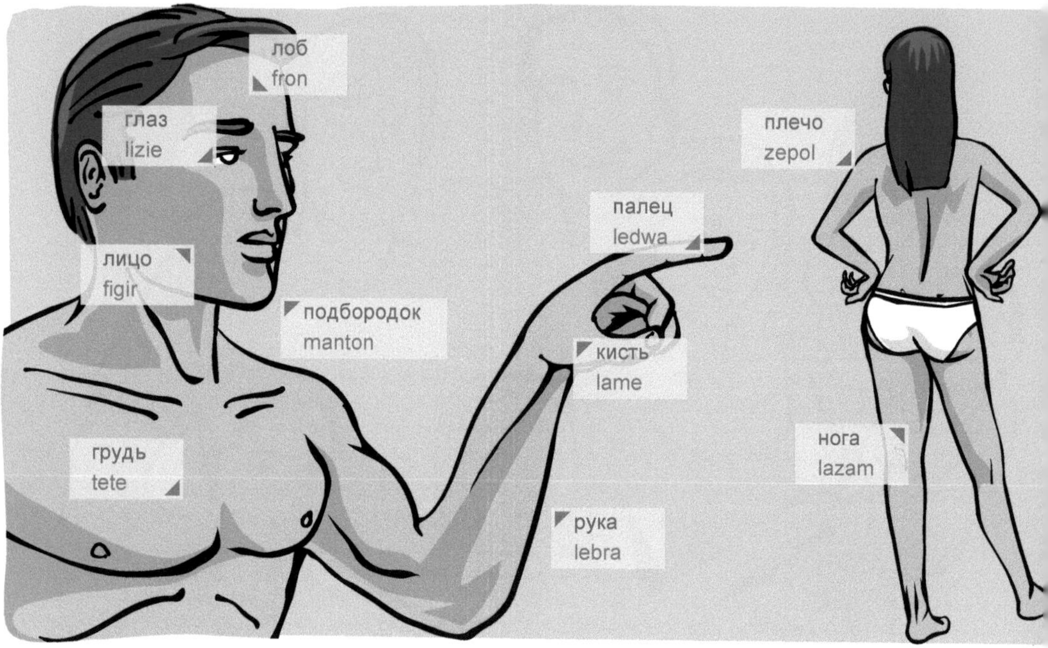

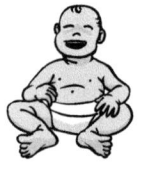

младенец

ti-baba

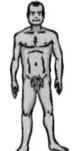

мужчина

zom

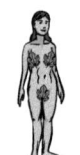

женщина

fam

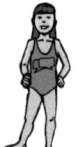

девочка

tifi

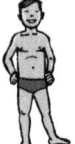

мальчик

ti-garson

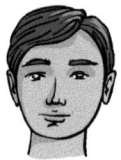

голова

latet

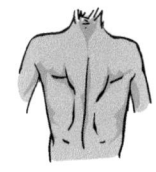

спина

ledo

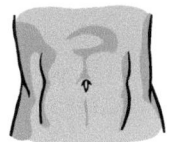

живот

vant

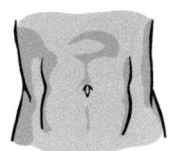

пупок

lonbri

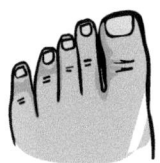

палец ноги

zortey

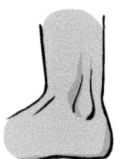

пятка

talon

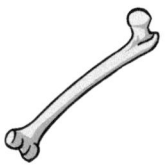

кость

lezo

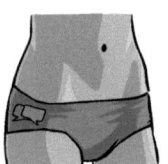

бедро

laans

колено

zenou

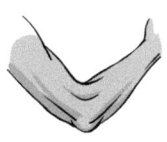

локоть

koud

нос

nene

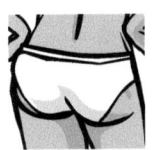

ягодицы

fes

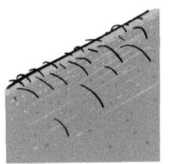

кожа

lapo

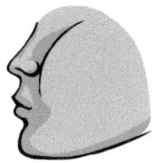

щека

lazou

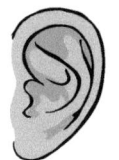

ухо

zorey

губа

lalev

тело - lekor

рот

labous

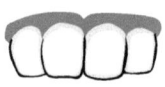

зуб

ledan

язык

lalang

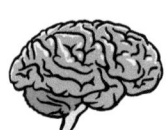

мозг

servo

сердце

leker

мышца

mix

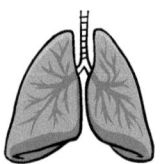

лёгкое

poumon

печень

lefwa

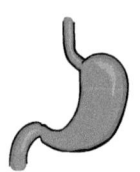

желудок

lestoma

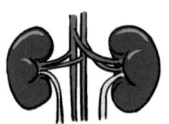

почки

lerin

половой акт

sex

презерватив

kapot

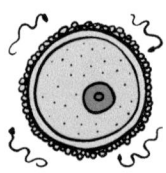

яйцеклетка

ovil

сперма

sperm

беременность

groses

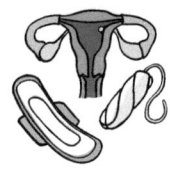

менструация
....
period

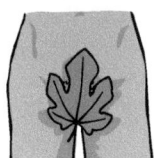

вагина
....
vazin

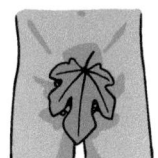

пенис
....
penis

бровь
....
soursi

волосы
....
seve

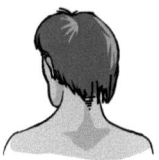

шея
....
likou

больница

lopital

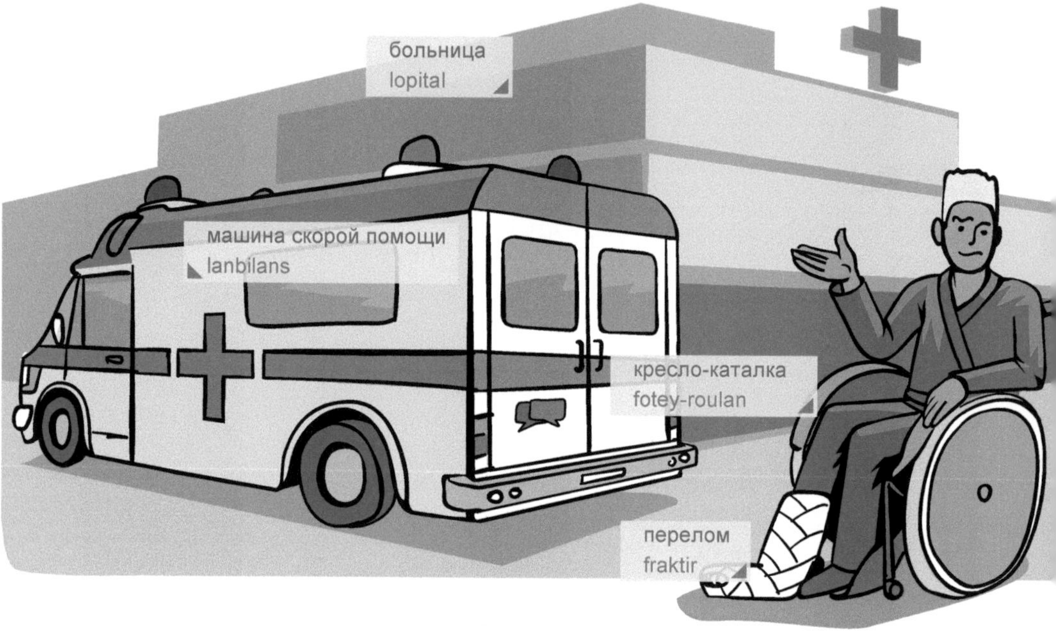

больница
lopital
машина скорой помощи
lanbilans
кресло-каталка
fotey-roulan
перелом
fraktir

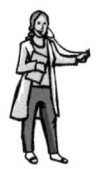

врач

dokter

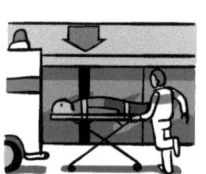

пункт первой помощи

servis irzans

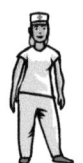

медсестра

ners

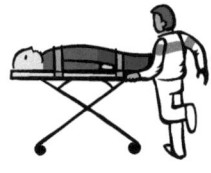

неотложный случай

irzans

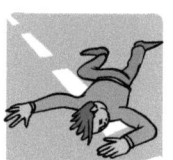

без сознания

inkonsian

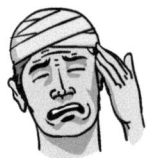

боль

douler

повреждение

blesir

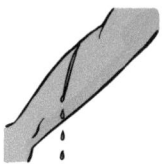

кровотечение

emorazi

инфаркт

kriz kardiak

инсульт

atak serebral

аллергия

alerzik

кашель

touse

овышенная температура

lafiev

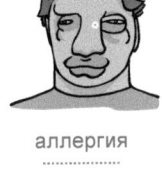

грипп

lagrip

понос

diare

головная боль

malad latet

рак

kanser

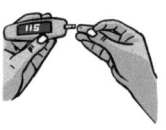

диабет

diabet

хирург

sirirzien

скальпель

skalpel

операция

operasion

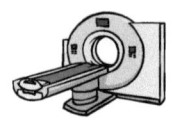

КТ

CT

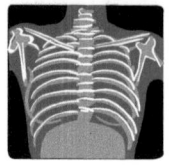

рентген

x-ray

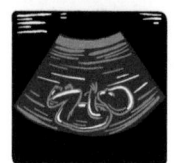

ультразвук

iltrason

маска

mask

болезнь

maladi

приёмная

sal-datant

костыль

beki

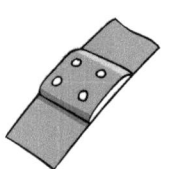

пластырь

pansman

бинт

bandaz

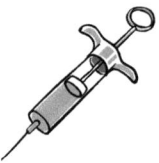

укол

inzeksion

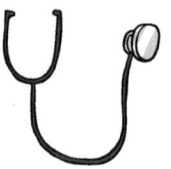

стетоскоп

stetoskop

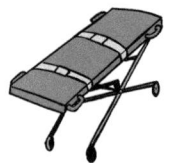

носилки

brankar

термометр

termomet

рождение

nesans

избыточный вес

sirpwa

слуховой аппарат

laparey oditif

дезинфекционное
средство
dezinfektan

инфекция

infeksion

вирус

viris

ВИЧ / СПИД

HIV / SIDA

лекарство

medsinn

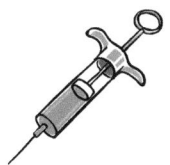

прививка

vaksinasion

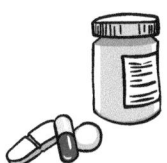

таблетки

konprime

противозачаточная
таблетка

pilil kontraseptif

экстренный вызов

korl irzans

прибор для измерения
кровяного давления

laparey tansion

больной / здоровый

malad / bien

Помогите!

o-sekour

сигнал тревоги

alarm

нападение

atak

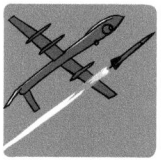

атака

atak

опасность

danze

запасной выход

sorti de sekour

Пожар!

Dife!

огнетушитель

laponp dife

несчастный случай

aksidan

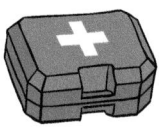

аптечка

kit first aid

SOS

SOS

милиция

lapolis

Европа

Ierop

Северная Америка

Lamerik di nor

Южная Америка

Lamerik di sid

Африка

Iafrik

Азия

Iazi

Австралия

Iostrali

Атлантический океан

Iatlantik

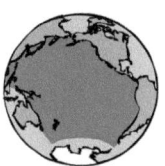

Тихий океан

pasifik

Индийский океан

Iosean indien

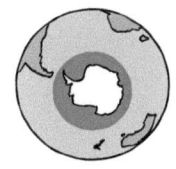

Антарктический океан

Iosean antartik

Северный Ледовитый
океан
Iosean artik

Северный полюс

Pol Nor

Южный полюс
....
Pol Sid

Антарктика
....
lantartik

земля
....
later

суша
....
later

море
....
lamer

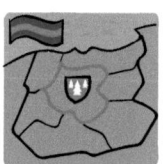

остров
....
zil

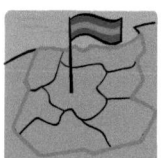

нация
....
nasion

государство
....
leta

78   земля - later

циферблат

kadran

часовая стрелка

zegwi ler

минутная стрелка

zegwi minit

секундная стрелка

zegwi segonn

Который час?

ki ler la ?

день

zour

время

letan

сейчас

aster-la

электронные часы

mont dizital

минута

minit

час

ler

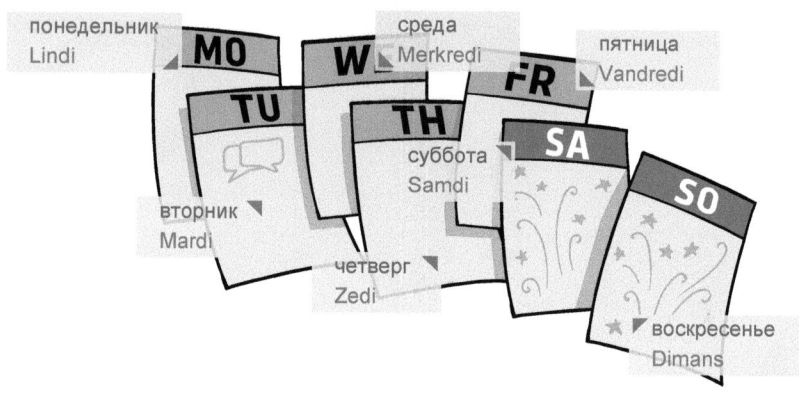

понедельник
Lindi

среда
Merkredi

пятница
Vandredi

вторник
Mardi

суббота
Samdi

четверг
Zedi

воскресенье
Dimans

вчера

yer

сегодня

zordi

завтра

demin

утро

gramatin

полдень

midi

вечер

aswar

рабочие дни

zour travay

выходные

wikenn

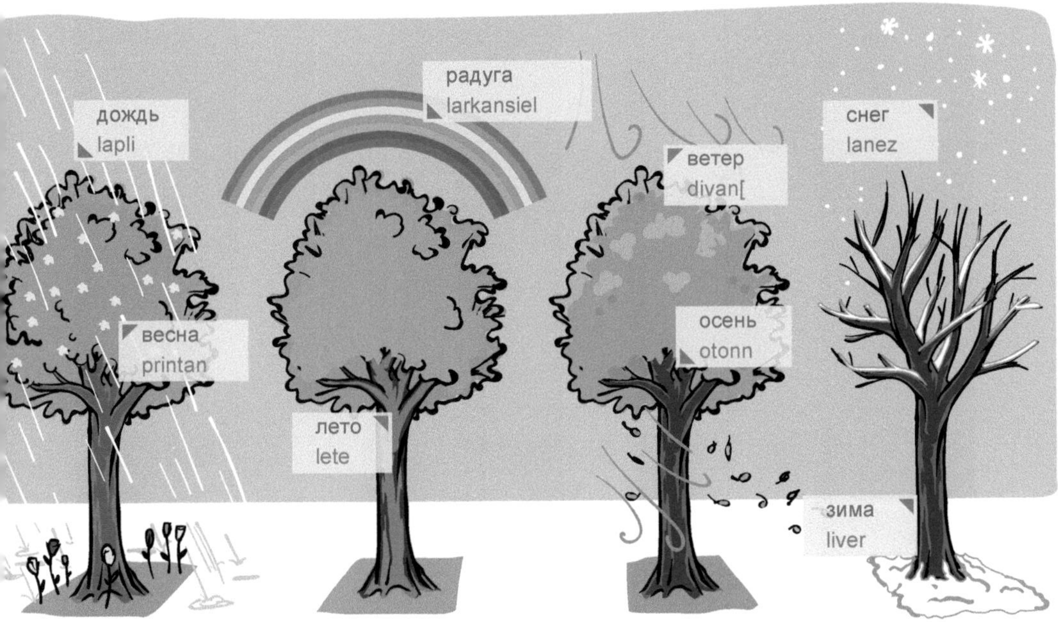

дождь
lapli

радуга
larkansiel

ветер
divan[

снег
lanez

весна
printan

лето
lete

осень
otonn

зима
liver

4.APRIL	11°	
5.APRIL	4°	
6.APRIL	13°	
7.APRIL	8°	
8.APRIL	10°	

прогноз погоды

meteo

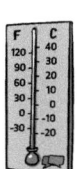

термометр

termomet

солнечный свет

lalimier soley

туча

niaz

туман

brouyar

влажность воздуха

limidite

молния

lafoud

гром

toner

буря

tanpet

град

lagrel

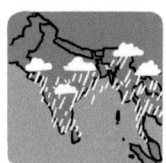

муссон

mouson

наводнение

inondasion

лёд

laglas

январь

Zanvie

февраль

Fevriye

март

Mars

апрель

Avril

май

Me

июнь

Zien

июль

Zilie

август

Out

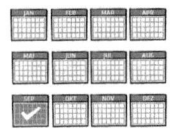

сентябрь

Septam

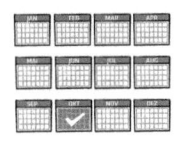

октябрь

Oktob

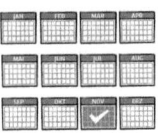

ноябрь

Novam

декабрь

Desam

формы
form

круг

ron

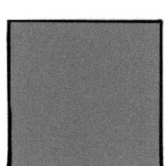

квадрат

kare

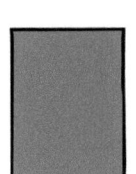

прямоугольник

rektang

треугольник

triang

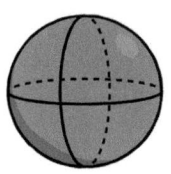

шар

sfer

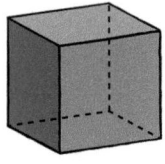

куб

kib

белый

blan

желтый

zonn

оранжевый

oranz

розовый

roz

красный

rouz

лиловый

mov

синий

ble

зелёный

ver

коричневый

maron

серый

gri

черный

nwar

много / мало

boukou / enn tigit

яростный / мирный

ankoler / kalm

красивый / уродливый

zoli / vilin

начало / конец

koumansman / lafin

большой / маленький

gro / tipti

светлый / темный

kler / obskirite

брат / сестра

frer / ser

чистый / грязный

prop / sal

полный / неполный

konple / inkonple

день / ночь

lizour / lanwit

мёртвый / живой

vivan / mor

широкий / узкий

larz / sere

съедобный / несъедобный

komestib / inkomestib

злой / дружелюбный

move / bon

взволнованный /
скучающий
exsite / agase

толстый / худой

gra / mins

сначала / в конце

premie / dernie

друг / враг

kamwad / lennmi

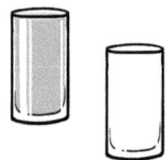

полный / пустой

ranpli / vid

твёрдый / мягкий

dir / mou

тяжёлый / легкий

lour / leze

голод / жажда

fin / swaf

больной / здоровый

malad / bien

незаконный / законный

ilegal / legal

умный / глупый

intelizan / kouyon

слева / справа

gos / drwat

близко / далеко

pre / lwin

новый / подержанный

nouvo / ize

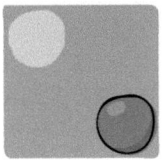

ничто / нечто

nanye / kiksoz

старый / молодой

vie / zenn

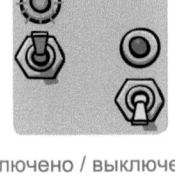

включено / выключено

demare / arete

открыто / закрыто

ouver / ferme

тихо / громко

trankil / for

богатый / бедный

ris / pov

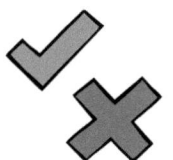

правильный /
неправильный
bon / move

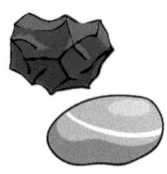

шероховатый / гладкий

brit / lis

печальный / счастливый

tris / zwaye

короткий / длинный

kourt / long

медленный / быстрый

lan / rapid

мокрый / сухой

tranpe / sek

тёплый / прохладный

so / fre

война / мир

lager / lape

противоположности - opozision

0

ноль

zero

1

один

enn

2

два

de

3

три

trwa

4

четыре

kat

5

пять

sink

6

шесть

sis

7

семь

set

8

восемь

wit

9

девять

nef

10

десять

distribiter biye

11

одиннадцать

onz

12	**13**	**14**
двенадцать	тринадцать	четырнадцать
douz	trez	katorz

15	**16**	**17**
пятнадцать	шестнадцать	семнадцать
kinz	sez	diset

18	**19**	**20**
восемнадцать	девятнадцать	двадцать
dizwit	diznef	vin

100	**1.000**	**1.000.000**
сто	тысяча	миллион
san	mil	milyon

английский

Angle

американский английский

Angle Lamerik

мандаринский китайский

Mandarin Sinwa

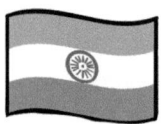

хинди

Hindi

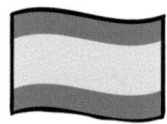

испанский

espagnol

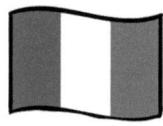

французский

Franse

арабский

Arab

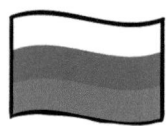

русский

Ris

португальский

Portige

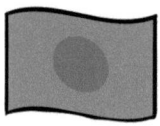

бенгальский

Bengali

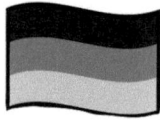

немецкий

Alman

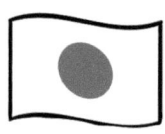

японский

Zapone

я

mo

ты

to

он / она / оно

li

мы

nou

вы

ou

они

zot

кто?

kisana?

что?

kiete?

как?

kouma?

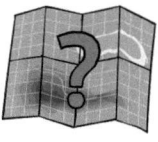

где?

kotsa?

когда?

kan?

имя

nom

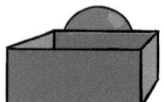

за
deryer

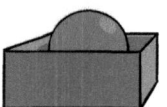

в
dan

перед
devan

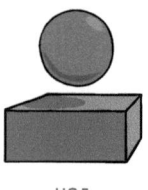

над
lor

на
lor

под
anba

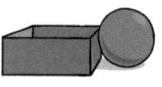

рядом
akote

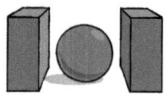

между
ant

место
plas